SANS-QUARTIER,
AU SALLON;

Avec un précis de la vie de SANS-SOUCI, éleve de M. Raphaël, des Porcherons.

HISTOIRE TRÈS-VÉRITABLE.

Prix 1 liv.

A AMSTERDAM.

1783.

SANS-QUARTIER,

AU SALLON.

Lecteur, je vous fais part du Manuscrit dont un Amateur m'a fait présent. Il me dit que se promenant dans le Sallon, il y avoit vu un original qui regardoit les Tableaux avec distraction, & parloit quelquefois seul sans s'en appercevoir que piqué de curiosité il l'avoit suivi, & lui avoit vu faire la folie dont vous allez rire : il la jetta promptement sur du papier sitôt qu'il fut de retour chez lui. Vous verrez facilement qu'il n'y a ni plan ni méthode dans cet opuscule ; que ce n'est qu'une rapsodie d'amateur sans liaison, d'un style verbeux, inégal, roboteux, sans noblesse, trivial, enfin tout ce qu'on pourra en penser. Mais je n'ai rien changé, pour qu'on ne s'en prenne pas à moi : si l'on s'en fâché, j'ai toujours été ignorant, & je le ferai vraisemblablement toute ma vie. Au moment que notre original parloit encore seul, il entendit le bruit derrière lui que faisoit un homme qui rioit de toutes ses forces, il se retourne, se jette à son cou, sans considération quelconque. Hé bon jour! ah mon cher camarade! mon cher ami Sans-Quartier, est-ce bien toi? Par quel heureux hazard te rencontré-je à Paris & dans le Sallon. J'avois perdu depuis long-tems l'espoir de te revoir, & de t'embrasser encore, t'ayant laissé sur le champ de bataille dans la dernière affaire que nous eûmes dans l'Isle de Minorque. Tu étois malade alors: mais lorsque tu sus que ton régiment marcheroit le lendemain à l'ennemi, tu dis en brave grénadier, que tu voulois suivre ton drapeau par-tout où il seroit, sans jamais l'abandonner, & qu'il n'y avoit que la mort seule qui pût te faire changer de sentiment; explique moi comment cela se peut faire.

Ce que tu dis, mon ami, est vrai. Je me traînai comme je pus dans mon rang, malgré mon officier, je receuillis mes forces pour faire mon devoir, & j'en fus récompensé par une blessure honorable. Les Anglais me ramassèrent, me portèrent dans leur fort; & comme ils sont généreux, braves, autant que sciencés, ils traitèrent ma blessure & ma maladie, de manière, qu'ils me rendirent la vie avec l'honneur Je sollicite l'Hôtel; & je l'aurois déja si j'avois servi en Amérique sous les ordres du Marquis de Bouillé. Il est brave, il s'intéresse aux braves gens, &

rend service à tout le monde, à ce que mes camarades m'ont dit.

Mais toi comment se fait-il que je te retrouve ici ? J'ai assez long-tems broyé tes couleurs, & ébauché tes ouvrages pour me ressouvenir que tu est connoisseur. Je me souviens encore que tu étois le premier pour les enseignes, & que tu n'en faisois pas une seule pour les Marchands de Vin que tu ne signasses *sitio*. Quoiqu'il n'y eût que pour toi à travailler dans toutes les garnisons que nous faisions, je t'ai vu jetter vingt fois la palette & les pinceaux de dépit, & je croyois que tu avois jetté le froc aux orties.

Hélas ! ne faut-il pas vivre avec son ennemi, & à quoi me mettre ? J'ai esseyé de vingt métiers différens pour trouver quelque aisance sans la rencontrer dans aucun ; & peine pour peine, j'ai retourné à ma première inclination.

Lorsqu'avec le courage & l'expérience la plus consommée, M. le Duc de Crillon eut fait la conquête de l'isle Minorque, il nous mena comme tu le sçais au siège de Gibraltar, & il auroit tombé comme Mahon si la paix n'étoit venue à son secours. Je restai encore quelque tems au régiment ; mais dégoûté du départ de mon général, le tems de mon engagement expiré, je sollicitai mon congé, & j'en obtins bientôt le cartouche, je vins de ville en ville exercer mon talent : j'étois mal payé des uns, chicanné par les autres, & d'autres dégoûts me persuadèrent, qu'il n'y avoit qu'un Paris dans le monde, où la sûreté & la propriété fut plus respectée. Tu sçais qu'il est des états où l'amour de la patrie a pour l'oreille délicate les mêmes douceurs que les noms de père & de mère, & où les premiers sentimens qui pénètrent le cœur, sont ceux de reconnoissance pour son pays, de respects pour les loix, & d'amour pour son Roi. Tu sçais encore que rien ne peut effacer dans le cœur des mortels bien nés, l'amour paternel & l'amour de la patrie. Quels doux tressaillement n'éprouve-t-on pas, lorsqu'après une longue absence, & tant de fatigues, on espère trouver dans son pays natal le bonheur qui ne paroît pur que dans les mêmes lieux où l'imagination, & quelquefois la vérité acheve de couvrir de fleurs les restes d'une vie qui se plaît à se retracer les yeux de son enfance, & à en renouveller les agréables impressions !

Par sans bleu, s'écria Sans-Quartier, à tu tenté le métier de philosophe ou celui de poëte ? Que tu fais de si belles phrases, il ne manquoit plus que cet état pour t'achever de peindre. Je suis doublement charmé de t'avoir rencontré pour examiner ensemble les Tableaux, & en raisonner.

Je le veux bien, répondit Sans-Souci : mais dis tu toujours ta façon de penser comme tu donnes un coup de sabre ? t'imagines tu toujours avoir la bayonnette au bout du fusil ? si tu es toujours le même, je te préviens que je n'entrerai pas en conversation, crainte d'être entraîné par ton exemple. Je jette un coup d'œil moi sur un ouvrage, j'apprécie sa valeur, &

passe outre. La raison mesure mes termes. Mon métier depuis mon retour m'a donné plus de chagrins que je ne l'aurois jamais cru. J'allais d'abord rendre mes devoirs à M. *Raphaël*, mon maître, je lui témoignai mon ressouvenir pour les leçons dont il m'avoit éclairé. L'ingratitude, tu le sçais bien, attire les reproches, comme la reconnoissance les nouveaux bienfaits. Pour tribut de la mienne, il me fit l'accueil qui dépendoit de lui ; car par un mauvais tour que Bacchus lui avoit joué, il se trouvoit perclus de presque tous ses membres. Il m'abandonna quelques petits ouvrages, il voulut que sans plus m'amuser à la moutarde me faire débuter par l'enseigne du fin gigot, pour jetter les premiers fondemens de ma réputation. Content de ma besogne, il me fit entendre que ces petits ouvrages produisoient à peine la subsistance d'un jour ou deux ; qu'il falloit entreprendre le genre de l'histoire ; & pour essayer mes forces, il me fit copier le chef-d'œuvre de sa réputation, le concert des aveugles. Cette copie me réussit si bien, contre mon espérance, que je sentis que je pouvois porter mon vol plus haut, & qu'une timidité mal entendue me faisoit ramper dans des occupations, qui dégradoient quelquefois l'ame, & réfroidissoient l'imagination. C'est pourquoi je lui demandai des lettres de recommandation pour les cabaretiers de la Courtille, & m'annonçai chez eux comme son éleve, & peintre d'histoire. Ces grands noms ne firent pas d'abord grand effet. Je perdois mon tems ; l'ouvrage sembloit fuir devant moi plutôt que d'arriver, lorsqu'un Lundi (je m'en souviens encore.) déjeûnant avec un demi-septier de vin, j'entrai en conversation avec le bourgeois, je l'amusai avec l'histoire de mes campagnes, & l'alongai tellement que je me trouvai à dîner avec lui, je ne sçais comment : & il étoit tems, je t'assure.

Pendant le repas je parlai de mes talens, de mes riantes idées, avec tant de continuité & de chaleur, que je le déterminai à me charger de l'histoire de Jannot, & je la disposai tout de suite en vingt-deux tableaux, à six francs pièce, sans compter le plafond. Mais l'envie qui ne dort jamais, irrita, je ne sçais pourquoi, ses serpens, la jalousie, sa sœur courut toute échevelée chez mes confrères sonner l'alarme, elle les invita d'abord à m'accueillir par des paroles douces & flateuses, pour connoître mon ouvrage & mes moyens d'exécution. Ils découvrirent ensuite que j'avois loué un grenier sur le chemin de Mesnil-Montant, pour le faire avec réflexion. Ils furent qui m'avoient chargé de cette entreprise, & parvinrent à persuader mon ignorance à l'un, & ma pauvreté à l'autre, inquiet du paiement de mes loyers ; & bien eurent-ils ton ouvrage ?... logerent-ils dans ton galetas ?... Non, mais l'envie & la jalousie consentent à souffrir pourvu qu'elles nuisent.

Sans gîte, sans ouvrage, sans connoissance du cœur de l'homme, je n'attribuois qu'à ma malheureuse étoile ma triste situation ; j'imaginois divers expédiens pour me tirer du pas gliffant où je me trouvois. Lorfque pour y rêver à mon aife, j'entrai chez un Marchand de Vin, le garçon n'avoit rien à faire, je l'invitai à boire un coup, & de fil en aiguille je lui demandai s'il ne connoiffoit perfonne dans la maifon voifine, que j'étois peintre, & que je cherchois de l'ouvrage. Je le priai d'en parler au jardinier ; & pour qu'il en caufât avec fa femme, qui le diroit à la cuifiniere, celle-là à la femme de charge, & qu'enfin arrivé à la femme-de-chambre, fa maîtreffe le demanderoit à fon mari. Dans le même moment, la fervante vint me demander fi je n'avois befoin de rien. Hélas ! non, ma belle enfant, lui dis-je, que celui de vous embraffer, qui me tient depuis long-tems. Mon propos la fit rire ; elle me regarde avec complaifance, je lui offre une prife de tabac, & l'invite à s'affeoir. Mon air militaire, ma phyfionomie ouverte, quelques complimens fur fa gentilleffe, le déterminerent à prendre un verre, & à converfer avec moi. Je lui fis mon hiftoire, qui parut l'affecter, & me promit de parler à fon maître de mes talens, comme de l'homme unique qu'elle avoit découvert pour l'hiftoire des Pointus qu'il avoit projettée dans fon fallon de danfe.

L'opinion d'une heureufe rencontre inattendue, féconda mon efprit de tant de remercimens, & m'infinuerent tellement dans le fien, que fans entendre mes affurances ; que tout ce qu'il y avoit d'empreffé dans les fervices, de délicat dans les foins ; je l'employrois fans ceffe, autant pour fuivre le penchant de mon cœur, que pour reconnoître dans le fien les difpofitions favorables qu'elle vouloit bien me témoigner; qu'elle me promit de lever toutes les difficultés, & elle me tint parole. Elle engagea fon maître à me faire diner tous les jours à fa table, n'étant pas un homme ordinaire, me fépara fa chambre à coucher pour me loger, & me fit éprouver pour la première fois combien les bons procédés donnent d'émulation, piquent la reconnoiffance, & que cette dernière vertu répand la fécondité dans le génie d'un homme fenfible.

J'avais exécuté & mis déja deux tableaux en place, depuis un mois que l'ouvrage étoit commencé. J'exécutois vîte; mais à la vérité pas long-tems : car au bout de quatre heures de travail, il me prenoit une altération qui ne me quittoit qu'à la nuit, & me pourfuivoit fouvent deux ou trois jours de fuite.

Ils attiroient beaucoup de monde dans la maifon; ma réputation croiffoit de jour en jour, j'avois difpofé le plus difficile de mes fujets. La fcène de M. Boniface Pointu, rue Courtau-Vilain, avec M. Blaife de Falaife; & j'en étois bien aife. Je me difpofois à furpaffer *Rubens*, qui n'avoit mis que trois expreffions fur le vifage de Marie de Médicis. J'en voulois peindre fix fur celle du Procureur. D'abord la chicanne. Cette fibille étique qui n'a jamais d'yeux ni oreilles pour l'équité. La difette, la famine, que ces rafinemens enfantent, fœurs de la ruine & des chagrins. J'allais peindre enfuite comment elle se consume, en feuilletant les coutumes, les loix, pour dévorer maisons, terre & châteaux, & consumer autrui. Comment elle vous donne un vain tas de papiers pour des monceaux d'or. Mes accessoires étoient ingénieux. C'étoit un hibou se dérobant à la lumière, & marchant sans cesse de détour en détour, un humble serpent rampant sous l'herbe; à côté de lui, pour pyramider ma composition, un tigre, les yeux enflammés, étoit à côté d'un autre monstre les griffes allongées, toujours noircies d'encre, pour percer par-tout par ses ruses ce qui s'oppose à ses mines, & y rentrer par cent breches différentes. J'avois groupé sur la table des écritoires, des plumes, des dossiers; & pour soulager mes spectateurs de ces accessoires pénibles, je devois peindre cette chanson en forme de requête.

Sur l'Air : *De Cahin Caha.*

Dans ma jeunesse,
Les veuves & les mineurs
Avoient des défenseurs,
Avocats, Procureurs,
Juges, aussi Rapporteurs,
Soutenoient leurs foiblesse.
Aujourd'hui, ce n'est plus cela;
L'on gruge, & l'on pille,
Le mineur est utile,
Si l'argent ne brille,
Tout est inutile,
Et Thémis va cahin caha,
Et Thémis va cahin caha.

J'étois plein de mon sujet, j'étois même en pour-parler pour l'histoire de Marlborough, & c'étoit vous, charmante Lise, c'étoit le nom de la servante, qui aviez frappé ce clou pour moi dans la roue de la fortune. Je sentois déja pénétrer dans mon ame le doux tirans des cœurs, qui fit filer Hercule avec Omphale, qui mit Achille en fureur pour Briséis, qui fit descendre Orphée aux enfers pour sa chère Euridice.

Je me disois déjà à moi-même :

Heureux qui, près de toi, pour toi seule soupire,
Qui jouit du plaisir de t'entendre parler,
Qui te voit quelquefois doucement lui sourire !
Les Dieux, dans son bonheur, peuvent il t'égaler ?
Je sens de veine en veine une subtile flamme
Courir par tout mon corps, sitôt que je te vois,
Et dans les doux transports où s'égare mon ame,
Je ne saurois trouver de langue ni de voix.
Un nuage confus se répand sur ma vue :
Je ne sens plus, je tombe en des douces langueurs,
Et pâle, sans haleine, interdite, éperdue,
Un frisson me saisit.... je tremble.... je me meurs.

Je me repaissois de ses agréables idées, l'abondance m'alloit faire des amis dont j'ignorois encore les douceurs, que j'étois loin de prévoir l'orage qui se formoit sur ma tête.

La discorde, je ne sais pourquoi, ralumant ses flambeaux, remplissant sa bouche de poison, revint à la charge & le souffler dans le cœur de mes rivaux, elle leur conseille de me faire passer pour déserteur, qui pour me soustraire au châtiment qui m'attendoit, avoit obtenu un poste secret dans les bureaux de la police, qu'il étoit même dangereux de tenter mes mains & ma fidélité, que j'avois eu les épaules vergettées, qu'il étoit certain que j'étois brûlé à l'omoplate ; on surprit même la religion du bailly (1) & quelques-uns à qui j'avais prêté de l'argent, pour s'acquitter avec moi, se lierent sourdement avec mes antagonistes, & furent les plus ardens à me persécuter.

Et bien ! qu'arriva-t-il de toute cette fourberie ; eurent-ils ton ouvrage ? t'enleverent-ils ta maîtresse...? non ; mais je t'ai déjà dit que l'envie & la jalousie consentent à souffrir pourvu qu'elles nuisent, qu'elles se nourrissent mutuellement des plaies qu'elles font du sang qu'elles arrachent. Voilà comme l'homme n'a jamais été bon, il est en vérité digne des maux qu'il s'est forgé ; mais ne dis-tu rien ? ne fis-tu rien ? qui peut leur servir de prétexte ? Tout sert de prétexte aux méchans. Je fus arrêté un jour à dîner chez une marchande de chaudrons pour peindre une brune très-piquante qui

---

(1) Celui qui se fie au rapport pour connoître les gens, ne connoît jamais personne ; celui qui ne gouverne que sur les rapports qu'on lui fait, est un mauvais maître.

partoit pour la Province, j'étois à table entre elle & la fille de la maison qui étoit blonde. Celle-ci me demande à laquelle des deux je donnerois la pomme ; je répondis qu'il falloit être Pâris pour juger les Déesses. L'assemblée fit un éclat de rire de ma balourdise, & me força de nouveau à m'expliquer. Déconcerté, je crus me tirer d'embarras en disant qu'elles étoient bien aimables toutes les deux ; tout le monde se tut. La chaudronniere, prenant son sérieux, dit, ma fille, voilà ce que vous vous attirés. Voilà je crois, la source de cette persécution, car depuis ce fatal dîné, toutes mes connoissances ne me montrerent plus que de l'équivoque, je vous en aurois donné cent charmante brune si je les avois possédés ; votre cœur de Reine étoit plus beau que votre corps de Déesses.

Mais crut-on aveuglément les mensonges atroces....? les trois quarts des hommes sont si pusillanimes, les autres si indifférens, d'autres accoutumés à saisir sans réflexions les premieres impressions quand elles sont mauvaises, que sans en avoir offensé un seul, je me trouvois tout le monde à dos, & cela pour M. Pointu. Et palsembleu, il falloit en prendre un à part & le faire saigner du nez, lui faire sentir que les os de ton bras ne sont pas sans moëlle. Les gens cruels sont ordinairement des lâches..... S'ils se sont oubliés jusqu'au point où ils l'ont fait, ma modération les fera peut-être rentrer en eux-mêmes..... C'est honorer la poltronerie que de lui donner le beau nom de modération. Une action vigoureuse est plus propre à rembarer les impertinens, qu'une réponse gracieuse, l'une le confond, & l'autre l'enorgueillit. Voilà comme j'ai toujours été & comme je serai toujours. Et dans quel pays se garantit-on des accès d'une bête féroce par des douceurs ? A tu oublié ma chanson lorsque j'étois au régiment.

   Jamais rien ne m'arrête.....
   Je brave la tempête,
   J'affronte le trépas ;
   Si le Ciel en éclats
   S'écrouloit sur ma tête,
   Je ne tremblerois pas.

Je m'en souviens, mais toute les apparences étoient parfaitement sauvées. Enfin, pour frapper le dernier coup, de crainte que je n'en revienne, ils mirent dans la confidence le maître d'école qui avoit été mon ami. Ce lâche hypocrite, qui outrage doublement la vertu en osant revêtir son masque ; engage sa cousine, fille du savetier du coin, à me proposer le mariage (ah ! defroqués, vos coups sont toujours les plus dangereux) celui-ci fut sans remede, je prévis les inconvéniens de marier l'hôpital & la pitié. J'allois, par mon refus, m'attirer toute les femmes fur les bras; je quittai la Courtille, & disparus sans mot dire.

Ah, ventre-saint gris, je t'y ramenerai & je saurai bien les mettre à la raison. Je te répete encore que toutes ces noirceurs sont couvertes sous le voile d'une simple froideur. Ils ressemblent à ces lâche ennemie qui se présente en duel couvert d'une côte de mailles, & qui poursuit son brave adversaire qui n'est couvert que de son bras & de son épée. J'en ai cru quelques-uns au-dessus de moi, d'autres mes égaux, aujourd'hui je les place au dernier de tous les degrés, parce que l'homme avili par les vices, est le dernier des hommes dans la société. Tous ses raisonnemens font vivre les méchans & souffrir les bons, il faut absolument couper les oreilles à quelqu'un pour faire un exemple. Je ne connois d'autres remedes que celui-là; il est inutile de prendre la peine de cacher son dépit sous un air léger à la maniere des gladiateurs, qui, blessés & sanglans, affectent de sourire en expirant. C'est tolérer le vice que de souffrir les injures; l'homme est tellement constitué, que l'indulgence l'endurcit, au lieu que la fermeté le corrige ou le rend circonspect. Je te le répete encore, cela est inutile, je les abandonne à leurs remords, ce n'est plus quand une vilaine action vient d'être faite, qu'elle nous tourmente, c'est quand long-tems après on se la rappelle, car le souvenir ne s'en éteint jamais. Le mépris doit nous suffire, quoique ce ne foit qu'un fentiment froid qui ne pouffe à aucun procédé violent. C'eft l'unique vengeance que l'homme de bien doit tirer du méchant. Un abandon total, une défertion entiere, punit plus que les tranfports du plus éclatant courroux qu'on leur ôte leurs marques, ils feront affez punis.

Ah! charmante Life, tu ne fais pas la fituation de mon ame, les tourmens que ton abfence & la mémoire de tes fervices me fait fouffrir. Tu ne connois pas encore ma fenfibilité qui n'eft comparable qu'à mon extrême fufceptibilité, ma félicité dépendoit de tes regards. D'un propos, d'une diftraction ou de tes prévenances. J'étois un étourdi qui devoit tomber fous tes coups; mais ceux qui connoiffent bien les refforts du cœur de l'homme, favent aufli que l'impulfion de deux cœurs eft fouvent en raifon inverfe des caracteres. J'ai tout perdu, je fens dans mes entrailles le feu du ciel qui ennoblit l'efpece humaine me dévorer, je fens la griffe du vautour qui déchira Prométhée fur le Caucafe, ce n'étoit pas les entrailles de cet amant infortuné qu'il dévoroit, c'étoit fon cœur; je ne dois plus regarder la vie que comme un malheur. Cette vie dont tous les jours s'embelifloient auprès de toi par le fouvenir de la veille dont tous les momens s'enchaînoient comme les fleurs d'une guirlande, douce rofe de l'amour, le fouffle de l'impofture vous a flétrie! vos feuilles brillantes sont tombées, les épines sont dans mon cœur. Nous avions des desirs, ma douce amie, ils s'écouloient aussi vîte, ils étoient aussi purs que l'eau qui s'éloigne à travers les fleurs en roulant avec l'impidité de sa source. Mais je m'égare ; ma foi tu a raison, s'écria Sans-Quartier, finissons ce verbiage, les Suisses pourroient bien nous faire un mauvais compliment. Je crois que tu deviens fou, il ne faut pas, mon ami, perdre la tête pour si peu de chose, nous trouverons quelques ressources : n'a tu pas encore quelques amis ? oui, répondit-il en le remettant, j'ai de bons amis encore, que je ne veux point compromettre, de l'amitié & de la probité desquels je suis assuré, & qui me l'ont prouvé dans l'occasion. Je conserve leur crédit pour me défendre, non pour opprimer. Pourquoi les punir ? ne sont-ils pas assez malheureux d'être aveugles, lâches, fourbes, vindicatifs, atroces, & par conséquent les plus à plaindre de tous les hommes ?

Pour plus de précaution, je me présenterai à M. le Noir, ce Magistrat qui marche si noblement sur les traces de son digne prédécesseur, il porte comme lui, sans cesse le bouclier de Thémis, pour se préserver de toutes les atteintes de l'humanité. Sa justice ne s'arme point contre l'infortuné qui gémit sous le poids de l'oppression ; elle ne cherche pas à étouffer sa voix, au contraire, son sanctuaire lui offre toujours un asyle assuré.

Mais nous parlerons de notre affaire dans un
autre

autre moment, ou pour mieux dire, puisque j'ai le bonheur de rencontrer mon ancien ami, qu'il me soulage du besoin où j'étois depuis long-tems, d'aimer & d'être aimé; je veux oublier toutes ces tracasseries pour ne me plus occuper que de choses agréables.

Tu as raison ; mais, que cette leçon suffise pour te souftraire dorénavant à la société de cette populace parmi laquelle tu t'étois si mal-adroitement faufilé. Cette vile portion des derniers citoyens, tourbe écumeuse qui, sans lien, sans fortune, sans honneur, & presque sans patrie, ne vit que du modique salaire des plus vils emplois, passe la moitié de son tems à amasser un gain pour passer l'autre moitié dans l'ivresse, & dans les plus dégoûtantes débauches, qui dans sa funeste & lâche oisiveté, forme des pelotons & ramasse tous tes bruits pour les grossir ou les défigurer ; c'est dans leur sein qu'ont pris germe tous les désagrémens. Voilà comme sans expérience de la vie ni de la société, des alternatives où la perfidie de notre destinée nous engage, de la difficulté de marcher d'un pas assuré sur la ligne étroite qui sépare le bien du mal ; tu n'a suivi que ton inclination, & tu t'es faufilé avec une inconséquence dont l'usage du monde & ton propre péril n'a pas tardé à te détromper. Mais n'en parlons plus, la vie est courte, elle passe vîte, & rognons nos peines, car elles sont bien longues. Retourne-toi du côté de la

B

sculpture, allons voir ensemble les Sculpteurs du Boulevard.... J'en ai causé avec quelques-uns de leurs ouvriers, ils me dégoûtèrent tout-à-fait, en m'annonçant du pire; ils me dirent que n'étant pas d'une aussi bonne naissance que les Peintres, leur éducation s'en ressentoit, que l'ouvrage manquoit encore plus souvent: qu'obligé à un travail fatiguant, de traiter souvent avec des gravatiers & d'autres gagne-deniers très-grossiers, ils contractoient insensiblement une dureté à laquelle je ne m'accoutumerois pas, & que le sort d'un Peintre étoit préférable. Il n'y a donc que l'Académie Royale; mais il est un peu tard; il faut, non-seulement pour en être, beaucoup & bien travailler, mais il faut une conduite irréprochable. On ne voit pas dans son sein ses petitesses, ses pédanteries, qui font hausser les épaules du plus sage. Les habiles gens ont de l'ouvrage, occupent leurs esprits à le perfectionner, voient bonne compagnie, & ne s'exposent pas à un pareil ridicule. Il n'y a de méchans que les ignorans & les petits qui cherchent à être les maîtres, il n'y a qu'eux qui persécutent pour se donner de la considération; s'ils ne faisoient pas de même, ils se trouveroient anéantis dans la foule. Les passans ne regardent les chiens que quand ils aboyent. Nous trouverons peut-être un autre expédient, nous irons voir nos Colonels, nous avons éprouvé assez souvent leurs générosités pour croire qu'ils trouveront moyen de nous placer. Je connois le Comte de C*** cette ame privilégiée auſſi illuſtre par ſa naiſſance que par ſon goût épuré pour les arts dont il eſt le ſoutien. Il a fait la fortune d'un de nos camarades, peut-être pourra-il te faire faire la tienne. Nous étions plus mal à notre aiſe ſur le champ de bataille, & cependant nous voilà dans le plus beau Sallon de Paris. Oublions tout ce que nous avons dit, & repaiſſons nos yeux de toutes ſes Peintures agréables.

Comment trouve-tu M. Vien ? ſon Priam partant pour ſupplier Achille de lui rendre le corps de ſon fils Hector, n'a-t-il pas la nobleſſe d'un vieillard ſur le trône ? ſa femme Hecube, ſa belle-fille Andromaque, n'ont-elles pas des drapperies & des expreſſions digne du Pouſſin ?... Oui, le Tableau eſt bien compoſé, mais je le trouve un peu trop brun, ſur-tout du côté du Char.... il n'en eſt rien, ſi tu peux le voir dans ſon jour comme le haſard m'en a procuré la vue, tu ſeras ſatisfait ſur tout ce que tu deſires. Viens voir ſon pendant, le jour lui fait la guerre, auſſi ce ſont les deux veuves d'un Indien que M. de Lagrenée a repréſentées, & qu'il ſemble avoir traité d'une couleur généralement trop griſe. Le ciel eſt trop vigoureux, il diſpute avec l'ombre, porté ſur la terraſſe par les femmes effrayées qui ſont ſur le devant. Le jeune homme qui donne la main à ſa sœur pour l'aider à monter ſur le bucher, est d'une couleur naturelle dans un petit Tableau ; mais dans un si grand espace, il faut avoir recours à la magie pour rendre la nature, & faire usage de l'art du Comédien pour paroître ce qu'il n'est pas lorsqu'il est en scene. La demi-tête du front, l'orbite de la temple, de la joue, du col, paroît être la même & beaucoup trop grise, & ne l'est peut-être pas : les parties nues des hommes vivans devroient faire plus d'oppositions avec celles du mort, non-seulement par des tons plus chauds & plus sanguins, mais encore par des attitudes plus animées. Les nuages sont de la plus grande légéreté, les femmes nobles, intéressantes, le costume du plus beau choix & le jeu des groupes traité par main de maître.

Passons le Tableau de Zéphyr & Flore, par M. Vanloo. Ton caractere belliqueux est peu d'accord avec ces sortes de compositions.... Tus a raison, je prends de l'humeur quand je vois dans le ciel les nuages faire le signe de la croix. Les femmes ne sont ni bien groupées ni belles, leurs draperies sont dures, les terrasses pas assez largement traitées, & je ne sais pour les épaules de laquelle l'Auteur a destiné cette lourde hotte qui couvre des campagnes amoureuses qu'on devroit voir jonchées de fleurs.

M. l'Épicié, votre zèle de Mathatias tenant un Juif qui sacrifioit aux idoles, n'est pas grand ; ce n'est pas vous faire un compliment, mais je le réserve pour vos petits Tableaux. Vous me permettrez de vous demander pourquoi vous avez traité votre principale figure si simplement. D'abord elle est en attitude de polichinelle, ensuite les plis de sa draperie blanche sont trop droits & trop roides ; la draperie violette qui les environne, prend trop la même direction. Vous savez qu'il faut opposer les couleurs & les plis sans cesse les uns aux autres, comme les ombres, aux clairs, & qu'ils ne désignent pas le corps de trop près, que quand les uns sont diagonaux, les autres doivent être transversaux. Vous n'avez pas assez fait sentir vos connoissances sur ces principes ; un manteau voltigeant en arrière, n'auroit-il pas donné plus de chaleur & de conséquence à la figure, les membres ne seroient-ils pas développés avec plus d'avantage, un ombre porté sur le pied-d'estal de la statue, n'auroit-elle pas ramassé davantage la lumiere, agrandi la toile ; celle-ci ne devoit-elle pas se détacher sur un fond plus large, pour fixer sa vue, & faire un repos au mouvement animé du héros de votre sujet ? Votre ciel bleu est trop seul ; les draperies que vous avez peintes sur le devant, sont d'un bleu trop vigoureux pour contribuer à son harmonie, & lui servir d'écho. Les enfans ne sont pas ordinairement si près d'une action violente, ne sont jamais si tranquilles. Si vous allez à la Halle pour y faire de beaux Tableaux, laissez-y tous les potirons, les carottes, les pains d'épices, de crainte qu'il ne s'en glisse quelques-uns dans votre boîte à couleur.

Doucement, Sans-Quartier, tu m'avois promis du fang-froid & de la complaifance, mais tu t'oublies fans t'en appercevoir ? Ce n'eft pas trop s'arroger, trop préfumer de foi-même, que de propofer fes doutes à fes maîtres. Quoi ! la nature nous auroit-elle laiffé à nous autres, êtres vulgaires, d'autres reffources pour fortir de notre médiocrité, & de nous rapprocher quoi qu'en diftance des hommes de mérite que celles de nous inftruire à leurs écoles, & d'être les efclaves de leurs opinions ? Je ne le penfe pas ; mais, mon ami, il faut de la juftice dans toutes nos actions, & lui faire de fincères complimens fur fa Payfanne revenant des bois, & fur tous ces autres petits Tableaux dans lefquels le deffein eft fupérieur, la touche ferme, l'effet agréable & la couleur fatisfaifante.

M. Brenet, je vous laiffe entre les mains de Sans-Quartier, il eft noble & généreux, & votre fujet eft fon centre. Tu as raifon, tu m'as cru de l'humeur, & je n'en ai pas ; un peu de chaleur dans la converfation, c'eft tout. Virginius, prêt à poignarder fa fille, me fait chair de poule. Le groupe eft beau, la compofition bien ordonnée ; cette peau de bœuf pour indiquer la boucherie, très-adroitement imaginé, pour fauver la vue défagréable de fes membres décharnés devant lefquels nous paffons tous les jours avec un fi grand fang-froid. Le ciel cependant à l'extrêmité de la toile me paroît trop vigoureux, les fabriques ne s'enlèvent pas affez franchement de deffus leurs fonds. Chaque groupe particulier auroit pu être plus piquant, à proportion néanmoins du plan qu'ils occupent, & les ressources auroient fait tomber le voile léger qui semble couvrir le Tableau. Au reste, pour mieux entendre ce que je veux dire, vois le grand Tableau de l'enlevement d'Oritie, par M. Vincent.

Quand tu parles comme cela, tu me donnes du plaisir, & je t'avouerai sincérement que je profiterai de tes leçons ; poursuis : la courtoisie du chevalier Baillard, exécuté en grand, seroit un beau Tableau, parce que les mains trop rouges & trop ressenties, les draperies, sur-tout la jaune, trop *reflétée*, prendroit en grand la forme & la couleur qui leur seroient naturelles, néanmoins il faudroit que les quatre soldats du fonds fussent plus petits, & le même fonds moins vigoureux, moins terminé, pour qu'il recule davantage, laisseroit au chevalier & autres figures, tout l'éclat dont jouissent leurs armes & leurs divers habillemens.

Herminie sous les armes de Clorinde, est la parodie des deux Tableaux dont je viens de parler. Je veux bien ne pas me mettre d'humeur, mais je ne veux pas abandonner ma franchise. Veux-tu que je te fasse l'éloge de la principale figure ? Son attitude homasse ne me le permet pas. Son mouvement n'auroit-il pas dû trahir son sexe sous le fardeau des armes empruntées auxquels elle n'étoit pas accoutumée ? n'étoit-il pas nécessaire d'interrompre l'éclat de son armure, pour lui en donner davantage, & en corriger la monotonie par un accident ingénieux, soit du menteau soit par une autre ressource ? Ne pouvoit-elle pas porter, elle & son cheval, une ombre plus vigoureuse, poure nlever le vieillard de dessus la toile d'une maniere plus victorieuse ? Cette ressource n'auroit-elle pas détruit l'égalité de la terrasse, des chairs & du panier d'ozier ? Et n'y auroit-il pas eu alors moins de confusion entre la cabanne & le ciel. Le Tableau est bien dessiné, bien composé; peu de chose pourroit le perfectionner.

Pour M. De Lagrenée le Jeune, il me faudroit une lunette d'approche pour voir ces principaux ouvrages, & des yeux en miniature pour voir les petits. Ces secours ne conviennent pas à un homme de mon état; je vois en grand, je parle en soldat. Ses principaux ouvrages qui sont à ma portée, font de l'effet; mais je ne sais si son dessein est bien correct : les chairs des hommes, des femmes & des enfans pas assez variées. C'est tout ce que je puis dire ; car le ciel, les arbres, les terrasses me paroissent traités d'une couleur naturel, & chaque corps paroît avoir la touche qui lui convient.

L'allégorie relative à l'établissement du Musæum, est bien composée. Le buste du Roi, qui est au centre de la composition, réveille dans nos cœurs les sentimens dont l'Auteur étoit animé, pénétré du plaisir que feroit à ſes ſpectateurs, l'image d'un ſi bon Monarque.

Le Portrait de M. le Comte d'Angivilliers, digne protecteur des arts, & encore plus digne interprête de ſes ordres, paroît à côté, ſoutenu par les mains de la Peinture, la Juſtice & la bienfaiſance ; mais le deſſin de ſes figures, quoiqu'elles ſoient bien enſemble, n'eſt pas aſſez ſévère ; & malgré la beauté de la compoſition, le beau choix des plis, l'art avec lequel ils ſont exécutés, & la nouvelle invention de coller ſur glace la Peinture à l'huile, crainte qu'elle ne change, ne lui laiſſe pas un ſuffrage aſſez complet. Il le regagne dans ſes petites compoſitions, remplies de liberté, de ſécondité & d'harmonie.

M. Faraval ſaura que dans ſon ſacrifice de Noé, au ſortir de l'Arche, les plis de la draperie de ſa principale figure ſont trop ſecs, ils reſſemblent à de la pierre. On ne diſtingue pas aſſez ce qu'il a voulu repréſenter ſur le plan le plus prochain de l'Arche ; ſoit parce que le Tableau eſt trop élevé, ſoit que ce ſoit une faute réelle. Néanmoins le deſſin, la diſpoſition des groupes, les autres étoffes largement drapées, le beau choix du local attire à ſa compoſition le ſuffrage des connoiſſeurs. L'amour battant le tambour avec ſon flambeau, n'a pas de grace, pas de naïveté, la couleur eſt maniérée. Quoi ! les hommes ſont-ils changés, pour que ce Dieu ſi malin ſoit réduit à ce ſecours ? Je te réponds que non, reprit vivement Sans-Souci. Tant qu'il ſera l'enfant de la beauté, il nous enchantera. Il n'y a ni tambour ni trompette, qu'il soit obligé de mettre en usage. Tout être animé, au sein des airs, dans les entrailles de la terre, dans l'empire humide de Neptune a des aîles pour venir se soumettre à son empire. Hé ! ne savons-nous pas les folies qu'il nous fait faire. Combien ! halte-là, camarade, je n'en veux pas savoir davantage. Diable, comme ton amadou prend feu facilement, quand tu frappes sur cette pierre. Si je te laissois continuer, nous n'aurions pas fini de sitôt : passons à d'autres Tableaux.

M. Ménageot nous a représenté Astianax arrachée des bras d'Andromaque par l'ordre d'Ulysse. Le ciel est trop vigoureux, & il ne détache pas assez franchement les fabriques. Celles-ci sont trop lourdes, & n'expriment pas le tombeau d'Hector. La figure principale ressemble trop à celle du bourdon. Andromaque ne s'abandonne pas assez au désespoir. Les plis de sa draperie sont trop droits pour une situation si violente. Ce Tableau paroît trop sombre de la distance d'où l'on levoit ; & cette même distance ne permet pas de relever les beautés de détail qui y sont indubitablement.

Pour le Tableau allégorique ordonné par la ville de Paris, au sujet de la naissance de MONSEIGNEUR LE DAUPHIN, il fait un grand effet ; la lumiere bien répandue, les groupes bien composés, les oppositions du clair à l'ombre, du ton gris au ton coloré, bien entendues, &

l'empreſſement du peuple traité avec la ſcience d'un Peintre d'hiſtoire.

Néanmoins, comme il faut que les hommes manifeſtent toujours leur foibleſſe lorſqu'ils exécutent quelque choſe, nous dirons que la tête de la ſanté qui tient l'enfant, n'eſt point ſur les épaules, qu'elle eſt trop petite, & que ſon bras ſemble ſoufflé; que M. de Coſſé n'eſt pas aſſez développé; qu'il eſt trop roide ſur ſes jambes, que le grand caractere qui regne ſur la tête de M. de Caumartin, n'eſt pas rendue; que les habillemens faits pour fournir de grandes reſſources, ſont trop également peints, dès qu'il eſt dans la nature délaiſſé preſque inviſibles; & comme elle nous a formé pour ne pas tout voir, il ne faut donc pas tout montrer. Par cette attention, les lumieres viennent plus brillantes, & la compoſition plus moëlleuſe.

La charité romaine eſt un joli Tableau. Les différens intérêts qui doivent agiter le cœur de cette tendre mere, ne ſont pas rendus. Le deſſin précieux, le coloris agréable, mais il n'y a pas de vérité : c'eſt un joli meuble. Voilà ce qu'on appelle parler franchement, s'écrie Sans-Soucis. Je t'aſſure qu'il n'y a rien d'énigmatique dans ce que tu viens de dire.

Je trouve très-juſte ta réflexion ſur la foibleſſe des hommes quand ils exécutent quelque choſe; témoin la chûte épouvantable du fameux Ballon Aëroſtatique. Les nations étoient en ſuſpens ſur le ſort qui lui étoit préparé. Les

Chinois, les Tartares, les habitans des extrémités de la terre l'attendoient, lorsque l'épouvantable machine vint tomber à Goneſſe. Les Agricoles éperdues prennent la fuite ; le villageois effrayé de leurs allarmes, abandonne ſa cabanne. Raſſuré par l'énorme poids du monſtre étourdi de ſa chûte ; revient de ſa frayeur précautionné de pierre, de bâton & de fléau. D'autres le couchent en joue pour lui brûler la cervelle au premier mouvement. Pendant ce tems, les femmes éperdues veulent forcer leur Paſteur de les ſecourir avec les armes invincibles de l'égliſe, lorſqu'un air de vent qui le retourne au moment qu'on s'y attendoit le moins, fait ſauver tout le monde (1). Cependant, comme de la franchiſe on arrive quelquefois ſans s'en appercevoir à la dureté, on me permettra de dire mon avis à mon tour.

M. Suvée a repréſenté l'Eté ou une fête à Pâles ; c'eſt la nature dans toute ſa ſimplicité ; c'eſt le deſſin le plus correct, le coſtume le mieux choiſi, & le coloris le plus vrai : tout cela vu de près ; dans la Peinture en général, il y a de la pauvreté, non-ſeulement dans le deſſin, il y en a dans la compoſition & dans le coloris ; mais dans un grand eſpace, pour rendre la nature, il faut beaucoup d'art

---

(1) L'amateur n'ignore pas l'honneur que fait aux progrès de la phyſique & à ſon inventeur, cette belle expérience ; mais il n'a pas voulu omettre le calambour du ſoldat.

& de magie. Il faut faire jouer à propos le vermillion, pour faire du gris, & ne se jamais servir de noir pour faire des ombres. Si l'on n'entend pas cette magie, le Tableau est sans chaleur, sans vigueur, & le local n'en est pas agréable. La composition en général est trop égale. Le ciel n'est pas assez coloré pour exprimer la chaleur de l'Eté. La statue tient trop de lui, la résurrection offre les mêmes réflexions, les demi-teintes & les ombres de la tête, du bras & de la poitrine, ne varient pas assez avec celles du reste du corps du Christ. Etant plus près de la gloire, elles devroient être réfletée différemment. L'Auteur désigne si bien, que je crois me tromper sur son Tableau du don réciproque. Cependant, de quelque côté que je me mette, je trouve toujours la figure de la fidélité trop courte : c'est le seul mérite qui lui manque.

Quand M. Roslin a des têtes de caractère à peindre, il déploie alors toute la supériorité de ses talens : celle de M. Cochin qu'il a rendue avec toute la chaleur & l'esprit que nous lui connoissons. La sienne même que nous voyons, prouve la vérité de ce que j'avance ; mais quand il est réduit à des chairs barbouillées par du Lac, à copier des physionomies de contrebande, alors il obéit à la nécessité, & se dédommage sur les étoffes qu'il rend en perfection. La tête de Mademoiselle Vallayer est bien peinte ; mais je trouve la gorge & l'épaule trop petite pour être ensemble. Cette jeune fille s'apprête pour orner la statue de l'amour, est un vrai chef-d'œuvre d'imitation. L'illusion des satins ne peut être portée à un plus haut degré de supériorité.

M. de Machy nous a enfin soulagé la vue du ton terreux ; Palette & Crud, qui gâtoit ci-devant quelques-uns de ces Tableaux. Nous voyons que la finesse de sa touche, autant que celles des teintes, ont chassé ses couleurs parasites ; & par un heureux accident du soleil, saisis avec sagacité, il nous a donné la vue prise du Pont-Neuf pour récréer nos yeux & nous prouver l'étendue de ses connoissances. Tous les autres Tableaux se soutiennent avec le même mérite : c'est pourquoi je vais chercher ailleurs de quoi mordre.

Ce ne sera pas vous, M. Vernet, vous avez fait de beaux & grands voyages : vous vous reposez, cela est juste.

Ni vous, M. Duplessis ; le mérite de vos portraits, & celui des personnes qui en font les modèles, me ferme la bouche.

Mais, M. Beaufort, le Duc de Guise, chez le Président du Harlay, n'a pas le beau visage qui faisoit dire à Madame la Maréchale de Retz, que les autres Princes n'avoient que des visages de peuple en comparaison des leurs. M. du Harlay ne doit point prononcer les paroles magnanimes : *Mon ame est à Dieu, mon cœur au Roi, je vous livre ma personne,* comme une vraie statue. Outre cela, les vêtemens lumineux de votre principale figure pouvoient laisser à sa place une écarlate plus brillante fur ceux du Préfident. Le fond pourroit être plus riche, fans nuire à fon repos. Voyez celui de M. Vien qui eft orné de moulures travaillés, de cannelures fur les colonnes, d'arabefques dans les frifes, & de bas-reliefs au-deffus des entablemens, comme il eft tranquille ! votre Tableau eft largement compofé, le fujet eft clair, & la perfpective eft bien obfervée.

M. *Cafanove* vos Tableaux font pleins d'accords, de légeretés & de fineffes ; mais j'ai du regret en les voyant. Je crains qu'ils ne laiffent dans la mémoire qu'une idée vague de vos talens, vos épaiffeurs de couleurs vous joueront le tour.

Pour vous, M. Guerin, vous avez mis auffi beaucoup d'accord ; mais vous ne variez pas affez vos étoffes, la touche eft par-tout la même, la couleur eft trop également épaiffe ; vous affectez de cacher les pieds, nous ne voulons rien perdre dans les femmes. La petite fille qui ne fçait pas fa leçon, que fait-elle ? je crois qu'elle rit comme une folle : fi c'étoit le contraire, les coins de fa bouche ne feroient pas fi élevés ni fi ouverts.

As tu bientôt fini, interrompit Sans-Quartier ; tu m'endors avec le tas de complimens dont tu viens de t'époumoner. Ne peut-on parler à fon femblable plus ouvertement, fans l'offenfer. Les complimens font la nourriture des hommes fans caractère ; un homme eft conftamment un homme & jamais une huître. Ma fanté ne feroit pas dans l'état où elle est, si je ne mangeois que du miel. Dis-moi ouvertement ce que tu pense sur MM. Robert Clerisseau, Pasquier, & Mademoiselle Valayer ; car je te préviens que la langue me démange, & que ton tour est un peu long.... & bien, chacun le sien, ne te fâche pas, si je parle encore sur le même ton ; je ne puis trouver des fautes où il n'y en a pas : voilà tout ce que j'avois à dire... A la bonne heure, je viens ici pour récréer mes yeux, & donner l'essort à ma pensée, & je te dirai franchement que le frappement du rocher de M. Tollain est trop crud, son ciel trop sale, les figures trop pauvres ? ne trouve-tu pas que les quatre Saisons sont d'une touche lourde & mal-adroite, les figures du fond sans esprit, celle qui tient le voile d'où s'échapent ses oiseaux nocturnes, trop longue. Je ne sçais comme il a fait, car il a beaucoup de talens. Ni moi non plus, répondit Sans-Souci ; mais tandis qu'il y a de la place, viens au centre. Dans les embrâsures on ne sçait de quel côté se retourner. Vois les fleurs de M. *Van-Spaendouk* : comme elles sont fraîches & brillantes ! comme ses pêches sont mûres, ... regarde donc.... mais tu ne m'écoute pas.... où vas tu.... Ah ! m'y voilà ; M. Barthelemi, d'un côté ; M. Vincent, de l'autre. Du tapage, c'est son centre, faut-il donc toujours nous trahir nous-mêmes ! mais Achille déguisé en femme à la Cour de Nicomede, nous excuse.

 Maillard tue Marcel, Vulcain desseche avec ses feux les fleuves du Zante & du Simoïs qu'Achille
combattoit.

combattoir. Hé bien! qu'en penfe tu... parle...
tu refte en extafe... ma foi je cherche par-tout;
j'interroge tour à tour les têtes, les bras, les
jambes, les attitudes, les groupes : il me femble
que je ne me batterois pas mieux. Je trouve autant
de feux dans les caractères & les mouvemens,
que dans les flambeaux qui éclairent cette fcène,
& les feux qui deffechent les fleuves. C'eft fans
compliment, ils ne font pas dans mon caractère,
tu le fçais. Pour toi fi tu en as encore quelques-
uns dans la bouche qui te gênent, foulage toi;
car je fuis tellement plein de fes compofitions,
que j'ai befoin de quelques momens pour me
remettre. Hé bien, paffons à des images plus
tranquilles. La vue du Soleil couchant de M. Hue,
fon clair de Lune, le calme de la nature qu'il a
fi bien repréfenté, pourra contribuer à celui de
ton efprit. La légereté des nuages, les eaux
tranfparentes, la facile exécution dans le feuil-
lage, prouvent qu'il n'a plus d'autres études
férieufes à faire, que celle de la figure & des
animaux : il eft encore tems.

N'eft-il pas vrai que M. Sauvage n'a pas cette
même peine à prendre; car loin de fe contenter
de faire la nature morte d'un relief à tromper,
il fit encore choix, pour augmenter les difficultés
(comme s'il n'y en avoit pas affez) d'une figure
de M. Pigal, dont la vérité de la nature, la
fineffe des emmanchemens, font fi difficiles, qu'il
paroît téméraire de l'entreprendre dans un ouvrage d'où dépend notre réputation & notre
fort. Mais il connoiffoit fes forces, & a triomphé.

C

Veux-tu que nous sortions? mon incommodité commence à me prendre, la chaleur est excessive, j'ai beaucoup parlé, le Suisse a du bon vin. Si nous allions nous reposer?... comment nous en sommes au plus beau & au meilleur! voudrois-tu en rester là? & devons nous mettre la partie à un autre tems? Quand il est question d'admirer le Portrait de la Reine, de Madame, & de Monsieur, qui sont flotter les rênes du Gouvernement avec tant de grace & de bonté, tu n'y penses pas, & il n'y a que ton incommodité qui puisse t'excuser, & l'ignorance où tu es qu'une femme est auteur du plaisir que nous ressentons.

Viens voir avec qu'elle sagacité Madame le Brun a traité Junon venant emprunter la ceinture de Vénus. Elles sont toutes les deux belles, & chacune dans leurs caractères. Je ne finirois pas, s'il falloit détailler la fraîcheur des chairs, l'harmonie, la légereté des draperies & leurs vigueurs. Junon est supérieurement dessinée dans toutes ses parties. La beauté de Vénus pas assez grande, le corps mieux coloré que dessiné; mais pour la dédommager de ma remarque, je la féliciterai pleinement sur la paix ramenant l'abondance.

Si les hommes sont forcément obligés de trahir leur foiblesse inévitable au moment qu'ils s'y attendent le moins, à plus forte raison les femmes sujettes à plus d'inconvéniens, sont-elles excusables, quand il leurs en échappent; c'est pourquoi Vénus liant les aîles de l'amour, n'a pas, à beaucoup près, la légereté de Vénus qui prête sa ceinture. La lumière de la draperie qui couvre la cuisse, descend trop bas. Le petit dieu au caprice & à la mutinerie duquel nous sommes tant exposés, n'a pas assez de fesse, & il lui en faudroit plus qu'à un autre. Les aîles que sa mère lui lie, prouvent son inconstance & sa légereté: & si c'étoit moi qui eut fait ce Tableau, je lui en aurois mis, je t'assure, une belle paire: mais Madame le Brun, favorisée de la nature dans le physique comme dans le moral, n'avoit aucune vengeance à tirer de lui, n'ayant jamais senti ses vigueurs.

Nous prévoyons de plus, qu'étant petite-fille, fille, femme de Peintre & Marchand de Tableaux, jouissant tour à tour des plus beaux *Rubens*, *Paul Veronese*, & autres grands coloristes, que les estampes, les meubles, les plus belles statues étant à sa disposition, sa réputation se soutiendra dans l'état où elle est.

Ce n'est pas comme toi, mon pauvre Sans-Souci; tu trouve toutes les portes fermées; si tu vas dans quelques endroits où il y a des Tableaux à étudier, on les retourne. Tu avois les clefs d'un cabinet, la jalousie te les a retirées: mais trop tard, tout étoit fait; & si tu n'avois trouvé l'appui du Comte de Choiseul tu ne sçaurois pas grand chose, & tu aurois été bien embarrassé de ton histoire des Pointus.

Tout grenadier que je suis, je ne laisserai point faire votre éloge à un autre, Madame Guiard; mais je vous parlerai en soldat qui sçait

C ij

mal farder la vérité. Votre manière de peindre est pleine d'esprit ; vous rendez la nature dans vos Portraits au pastels. On lit sur le visage des uns leur bonté, la délicatesse sur celui des autres, la sagesse de tous ; mais vous ne mettez pas assez d'illusion dans vos étoffes. Maîtresse comme vous êtes de vos crayons, vous pouvez faire plus de sacrifice, imaginer des effets plus piquans ; & après avoir répandu la lumière par-tout avec le succès que vous avez eu, vous servir de ce même art qui vous est si familier, pour qu'elle ne brille qu'en peu d'endroits. Voyez Rimbrant, Benedette, Grimous ; ils vous prouveront bien mieux avec leurs pinceaux, ce que je veux dire avec si peu d'éloquence.

J'abuse de ta complaisance, mon camarade, ton incommodité augmente, je m'en apperçois. Tu ne me réponds plus que comme un homme distrait. Passons les sujets trop sérieux, MM. Hall, Martin, Robin, & arrêtons-nous à d'autres plus agréables. Réveille-toi, tu verras que ma complaisance est aussi grande que la tienne ; si non je vais te faire une sortie qui va te retirer de ton assoupissement.

Regarde les étrennes de Julie, la mollesse de ce Tableau est bien peu d'accord avec un grenadier de ma façon. La Peinture de se coureur efféminé, donne une bien mauvaise idé de son ame ; & si ce n'étoit par respect pour la bordure, je lui ferois un mauvais compliment. Si l'auteur n'avoit envie que de faire de belles étoffes, pourquoi prisa-t-il un homme pour en faire un porte-manteau. Que reste-t-il dans l'ame lorsqu'on a perdu de vue ces sortes de peintures ! le vuide que l'on ressent lorsqu'on a quitté la compagnie d'un polisson. Le messager n'est pas un crotoniate, ce n'est pas l'envoyé du dieu Mars à Vénus ; c'est un sibarite qui semble être envoyé par un hommelet sans force, sans caractère, sans dignité, à une femmelette, sa digne moitié : *Mox daturos progeniem vitiosiorem.*

Le déjeûner est beaucoup mieux, parce qu'au moins la pensée est plaisante, placée sous le tableau de M. Brenet ; c'est une petite pièce agréable après une belle tragédie. Ces sortes de pensées ne sont pas assez multipliées : le tableau est d'une bonne couleur, les étoffes rendues avec vérité ; si ce n'est que les plis du casaquin qui semble être de toile de coton, & qui couvre la principale figure, n'est pas assez large. D'abord, pour servir de repos & de contraste avec la forme que prennent ceux du jupon ; ensuite, pour qu'ils contribuent à faire sentir la différence des deux étoffes, pour les expressions, elles ne sont pas manquées. La figure du poëte pleine de présomptions pour sa bagatelle, poëme en trente chants, & pour sa ridicule chanson, est bonne. Ses cheveux gris qui débordent d'un poulce, sa perruque de chien-dent, son habit roux, sa veste noire, sa culotte rouge & ses bas gris, le costument à merveille. La complaisance avec laquelle la jeune femme l'écoute en prenant son chocolat, & le rire grossier de la servante, qui est derrière, font de jolies oppositions. Elle ouvre de grands yeux de surprise & de grandes oreilles, pour entendre la voix cassée du poëte, qui lui chante sur l'air de *cahin caha*.

Sur l'Air : *De Cahin Caha.*

Dans ma jeunesse,
Les veuves de vingt ans
Renonçoient aux amans,
A tout engagement,
En dépit des amans,
Par leur délicatesse.
Aujourd'hui, ce n'est plus cela ;
Plus d'une grand'mère
S'empresse de plaire ;
Elle veut encore faire
Un tour à Cythaire,
La bonne y va cahin caha,
La bonne y va cahin caha.

Je ne dirois rien du bouquet, si la principale figure n'étoit tellement maniérée que la tête ne paroisse pas sur les épaules. C'est cependant une des mieux peintes, & peut-être la seule que l'auteur ait soumis à notre jugement ; mais son oreille & celle de la suivante est trop haute, trop petite, trop loin ; la robe de satin est peinte à l'illusion ; les accessoires sont du plus précieux fini, mais ils manquent de vérité ; & si le parquet, au lieu d'être gris, eût été de bois d'acajou, il n'auroit point disputé avec la robe de satin grise par sa dégradation, le fauteuil gris, le fond gris & les vases sur sa toilette qui sont de la même couleur.

Nous voyons tous le contraire dans les délices maternelles; tout est bien, la perspective même que l'auteur néglige ordinairement, & cette perfection n'est encore que le cadre de la pensée.

Eh bien! mon ami, tu entends ma franchise, tu ne me réponds rien! est-ce que la soif te tourmente toujours? ou ne me laisse-tu échauffer le palais que pour que nous ne quittions le cabaret qu'à minuit? mon camarade, je te laisse dire, parce que tu parles bien mieux que moi, & je t'assure que je n'oserois faire la dépense de tant de franchises, car elle est quelquefois trop forte. Si cependant tu crois que ce soit une petite malice de ma part, je me charge d'expliquer les autres tableaux; à condition qu'après le premier coup-d'œil jeté sur les sculptures, nous irons en raisonner chez le Suisse: volontiers.

M. Bardin a représenté Jesus-Christ chez le Pharisien dans une attitude trop commune. Le tableau paroît au premier coup-d'œil imité du poussin; le fond qui est à gauche, est trop lumineux, détruit la principale lumière qui est sur la table, & il dispute de lumière & de teinte avec la terrasse. La Magdeleine qui est aux pieds de Notre Seigneur, n'a pas des draperies de couleurs assez fortes pour s'enlever dessus son fond, & ne s'en détache que par le plan qu'elle occupe. Sa tête & ses mains ne sont pas assez fraîches pour contraster avec les autres figures; & si elle eût porté une ombre plus forte sur la terre, elles se seroient mutuellement colorées toutes les deux. Mais en le voyant avec attention, je trouve un très-beau style dans les draperies, une perspective bien entendue, une architecture de bon goût, exécuté par une main brillante.

Le fond du jeu des osselets chez les Grecs, n'est pas assez largement composé. Les draperies sont trop adhérantes & resserrées : elles ne sont pas d'assez bon goût pour être intéressantes ; les académies & les dessins sont à merveille.

Je te dirai, que la vue de la Halle, prise à l'instant des réjouissances publiques de M. Dubucour, est pleine de détails intéressans, tant par leurs gaîtés que par leurs catastrophes. Le ciel est d'accord, mais le grouppe des nuages n'est pas heureux : la teinte des maisons variée, mais la couleur en général en est froide, quand on la consulte dans le miroir convexe, & même un peu blafarde. Les figures sont fines & pleines d'esprit. De jolies femmes & de très-laides, de très-beaux hommes & de très-dégoûtans, occupent les principaux sites. Mais il n'a pas la moindre connoissance de la palette de Teniers ; & s'il paroît l'avoir beaucoup étudié, ce n'est que dans l'esprit de sa touche, dont même il abuse. Cette touche, trop spirituelle en peinture, est exposée au même inconvénient d'un homme tout esprit dans la société ; sec & maigre, personne n'y fait attention ; de l'embonpoint & de l'esprit, c'est tout le contraire. La Fontaine dit que main forts sont emportés avec un peu d'esprit & beaucoup de bonne mine. Cette composition est faite pour amuser tout le monde ; les connoisseurs, par le mérite auquel ils doivent justice, & au public, parce qu'il se croit à Vaugirard ou dans une rue de la Courtille ; l'un reconnoît sa tante, l'autre son oncle, un troisième son cousin Vivien, & le dernier les connoît tous.

Tu entends ce que disent tous ceux qui nous environnent, des regrets & de la douleur d'Andromaque sur le corps d'Hector son mari, par M. David. Je loue la grandeur du style ; un autre parle de la beauté du dessin & de son grand caractère. Cette dame dit que l'expression ne peut être rendue avec plus d'énergie & une plus belle couleur. Cette personne, au visage équivoque, dit que la draperie d'Andromaque papillotte. Ses portraits sont bien peints, bien colorés, & sont parfaitement d'accord. Pour les dessins, ils rappellent le style des plus anciens maîtres d'Italie. Persée délivrant Andromède, & la remettant à ses parens, a été traité par M. Renaud avec succès ; les figures bien groupées, le coloris d'une variété agréable. La figure de Persée n'a pas le moëlleux & l'accord de celle du vieux monarque ; mais Andromède est intéressante dans toutes ses parties, l'attitude, le sentiment & le coloris.

L'éducation d'Achille, par le centaure Chiron, du même, exigera d'être toujours exposé dans la plus grande lumière ; le ton brun, dont il est généralement traité, lui feroit des torts injustes ; le reste n'a besoin que de complimens.

Les esquisses de Pyrrhus qui tue Priam sur le

dernier de ses fils. Celles d'Enée qui offre des présens à Latinus, & lui demande sa fille en mariage, feroient une belle machine exécutée en grand; mais dans le petit, le coloris est trop obscur. Le local de toute la composition d'un gris trop sale, & les corps morts, ou abattue par la douleur, trop verts.

L'attitude de l'aurore, dans le tableau qui représente Céphale endormie, est celle d'un manequin, principalement les deux jambes. L'étoffe qui la couvre, trop refletée dans la demie teinte, ne tient en rien des principes de sa lumière, & il auroit fallu la rappeller par quelque accident: le sang ne circule pas assez sur l'estomac de Céphale; son ombre est trop jaune. Les études peintes & dessinées annoncent à l'auteur les plus heureux succès.

La naissance de Louis XIII, que M. Taillasson a traité, rappelle dans nos cœurs un roi qui régnera éternellement dans celui de nos neveux. Il paroît hasardeux d'en-tenter une juste critique: son élévation ne permet pas à notre jugement d'y atteindre; les masses de clair & d'ombre sont si bien établies qu'elles portent directement les yeux sur le principal moment de la Scène, & les repos du fond contribuent au brillant des accessoires.

Mezence, roi d'Etrurie, blessé & rétiré du combat, à qui l'on apporte le corps de Lausus son fils, paroît être peint d'une manière un peu timide. Il pouvoit y avoir un coloris plus chaud sur les visages & les membres des guerriers; la figure de Mezence pouvoit être plus riche, & la tête de Laufus un peu plus forte. Cette composition réunit toutes les parties qui prouvent un homme d'étude. La toile est couverte de grandes masses de demie teinte & d'ombres, & le jour passe par-tout avec beaucoup d'adresse; le dessin est correct, & l'on tourne facilement autour de toutes les figures.

Aurélien triomphe dans Rome après avoir vaincu Zénobie & soumis Tétricus. Les Romains voyent avec déplaisir, pour la premiere fois, une femme à la suite du char du Triomphateur; & Tétricus, personnage consulaire avec son fils, voilà le sujet du Tableau de M. Julien; cette composition est riche & détaillée, l'architecture du fonds est noble, le costume bien étudié, les draperies de bon goût, le tout exécuté avec un pinceau ferme : les objets du fonds sont bien dégradés; mais il devroit y avoir sur des plans plus avancés, des oppositions fieres, néanmoins proportionnées au local, qui le feroient briller sans le détruire. Si cette même ressource étoit employée sur les plans de devant pour leur servir d'écho, peut-être que le voile qui semble couvrir le Tableau tomberoit de lui-même. Tétricus ne paroît pas assez, & son fils du tout; il n'est pas assez noble pour un personnage Consulaire soumis sans tirer l'épée. L'Empereur avoit donné à Zénobie des Satellites pour la soulager du poids fatiguant des chaînes d'or dont elle étoit enchaînée; ils n'y sont pas. Ce n'étoit pas des chevaux qui suivoient le char, s'étoit des éléphans, des panthères, des léopards apprivoisés; il y a beaucoup de choses que l'Auteur a omis, & qui nous auroient cependant indiqué le triomphe qu'il a voulu représenter, & que nous confondons avec celui de Paul-Emile & des autres Triomphateurs. Ces remarques ne détruisent pas pour cela le Tableau, qui est trop petit pour les détails dont je parle; il est bien désiné; il est bien d'accord, cela doit suffire.

Les paysages, les batailles, les animaux de M. de Marne, sont traités trop également, tant qu'à l'heure du jour; il n'y a pas assez de fermeté sur chaque objet pour qu'on puisse tourner, comme il est nécessaire autour, de maniere qu'ils font confusion. Les principaux Tableaux & ceux qui sont les mieux vendus, sont comme de l'émail, tant pour le coloris que pour la touche: cela lui est pardonnable, parce qu'il étoit obligé de travailler ci-devant pour des demis connoisseurs & des trafiquans; mais aujourd'hui qu'il est de l'Académie, à même de fréquenter les vrais appréciateurs du mérite. Nous appercevons dans les Tableaux derniers faits, de la hardiesse, de la franchise, une belle couleur; le choc chaud dans ses batailles, la touche fine dans ses paysages, & ses animaux bien dessinés. S'il avoit besoin de leçons, je n'aurois pas la présomption de m'en charger, moi chétif barbouilleur à la douzaine; mais je lui dirois consultez le Tableau de M. Casanova, votre Maître, qui est au-dessous du plus grand que vous ayez faits, vous y verrez une belle leçon, fur l'air, les accords & la rupture des teintes. Pour M. Nivard, ces gouaches font d'une grande fupériorité ; les figures dont elles font enrichies adroitement faites ; mais pas affez favantes ni piquée de lumiere. Ses Tableaux à l'huile ont beaucoup d'harmonie ; mais ils ne font pas auffi frais.

Jettons, mon ami, un coup-d'œil fur les fculptures & les gravures, & courons chez le Suiffe ; je n'en veux fortir qu'à minuit, tant je fuis altéré, & te témoigner à mon aife le plaifir que j'ai de ton heureufe rencontre.

Eh bien, tu dis donc que le bas-relief de M. Pajou, dont le fujet allégorique repréfente l'amitié fous la figure de Pollux, qui, armé du fceptre d'Efculape, chaffe la mort prête à frapper une jeune perfonne dans la fleur du bel âge, & dont l'exiftence fait la félicité de ceux qui font près d'elle, eft bien compofé ; que la tête de la jeune perfonne & fes draperies, font développées avec art ; mais quand tu verras le marbre ce fera bien autre chofe ; tu verras la main d'ugénie qui eft dans le fonds s'ouvrir entiérement ; car M. Raphaël me difoit toujours, quand j'en peignois de cette maniere, tu ne fais pas nature fans fouci ; tu me fais les cornes, m'aurois-tu joué le tour ; tu verras aux emmanchemens la fineffe qu'on néglige dans les efquiffes, & les unes qui ne font pas affez foignés, s'alléger d'eux-mêmes fous le cifeau d'habile Homme, & qui en a perfectionné tant d'autres.

M. Caffiery a exposé la statue en plâtre de Moliere, qu'il doit exécuter en marbre pour le Roi : il est certain que le marbre sera supérieur au plâtre, puisque celui-ci n'est encore qu'une ébauche avancée. Nous ne connoissons pas les originaux de ses bustes, c'est pourquoi nous ne pouvons faire l'éloge de leurs ressemblances; mais la vie qu'ils respirent prouve l'excellence de l'art qui les a produit.

Le modele en plâtre du Maréchal de Vauban, par M. Bridan, promet que cette figure tiendra noblement la place qui lui est destinée.

M. Gois nous a donné le nouveau projet d'un piedestal à la gloire de Henri IV & de Louis XVI ; l'allégorie fait autant d'honneur à son cœur qu'à son esprit ; mais te serois-tu imaginé qu'on pût rendre en sculpture la plaisanterie de Henri IV, qui prend le paysant en croupe : voilà comme un homme d'esprit tire parti de tout, & que maniant une bétise avec art, il en fait une plaisanterie visible. Le Roi, noblement campé, contraste on ne peut mieux avec son de la Nigaudiere. Son Saint-Vincent qui est à Saint-Germain, est sage comme le Sueur.

M. Mouchy vient de faire poser un modele en plâtre représentant Saint-Germain dans le Temple qui lui est dédié; il m'a paru trop cour ; mais je ne l'ai pas bien vu, de quelque côté que je me retourne pour reconnoître les talens supérieur de M. Mouchy, je ne les trouvent pas dans le corps de Saint Jean, les hanches & le ventre me paroissent trop larges ; mais les autres parties font si fines dans leurs formes, qu'elles prouvent que je n'ai rien dit de trop.

L'Amour, enfant de M. Berruer, est un peu sauvage ; voilà le seul défaut que je lui trouve.

Tous les ouvrages de M. Julien & de M. le Comte, ne permettent aucune critique.

Pour M. Houdon, il ne lui manque plus que le moyen de faire parler ses portraits ; car pour la ressemblance, il lui est impossible de la manquer ; les figures de femme sont d'une beauté bourgeoise, froide, pas assez moëleuse, & n'ont pas le sentiment que M. Clodion donne aux siennes, & que M. Boucher a rendus avec tant de goût. C'est ce grand Maître qui nous a mis dans le beau chemin ; si l'on y trouve quelque monticule, c'est qu'il ne les voyoit pas ; & quiconque voudra le copier avec attention, retirera un grand avantage de ses études.

Les Elémens rendant hommage à l'amitié de M. Boizoit, est le plus joli bas-relief que je connoisse de lui ; tout est achevé ; la composition, le dessin, la finesse & la propreté de l'exaction.

M. Monot ne le cede à personne pour les portraits, la ressemblance frappante, l'exécution fine & les chairs bien moëleuses ; la tête & les bras de son victimaire que l'on voit facilement, m'a paru d'une perfection qui ne laisse rien à desirer ; mais les corps qu'on ne peut juger comme il faut, tant il est malheureusement placé, paroît trop fort par les bras & la tête ; il semble être lourd & pauvre en comparaiſon de la légéreté & de la fineſſe des formes dans les bras ; il faut néceſſairement que ce ſoit le déſavantage de ſa ſituation.

Monteſquieu, par M. Clodion, eſt un beau morceau ; je crois que ſon auteur a voulu peindre la tranquillité du caractere de ſon modele, par la ſageſſe qui regne ſur toute la figure ; car s'il eût voulu ſculpter des paſſions vives, il auroit imaginé dans les draperies de grands plis pour faire des maſſes de clair & d'ombre, & les accidens fouillés animeroient davantage la figure.

Je ne te ferai point de remarque ſur M. Roland & ſur M. Moitte, parce qu'il y a déja trop long-temps que je parle, j'ai la langue épaiſſie, il faut que je la rafraîchiſſe. Si tu leur reproches quelque choſe qui ne ſoit pas à ta fantaiſie, je ſerai charmé de m'inſtruire ; car je ne vois en eux que des talens pleins des plus belles eſpérances. Mais connnois-tu ce Monſieur qui eſt dans le fonds, il n'a pas encore bu ſa demi-bouteille, & nous en ſommes à la ſixieme ; il a entendu tout ce que nous avons dit ? je ne le crois pas, dit ſans Quartier, car il dormois comme un ſabot ; & qu'importe. Si j'avois vu les gravures, je t'en dirois mon ſentiment ſans façon ; mais il n'y a que M. Strange & M. Beauvarlet dont j'ai pu approcher, & qui m'ont paru de vrais Graveurs ; les autres ne travaillent pas aſſez avec le burin ; ils ne mettent que de l'eſprit & de la légéreté, leurs travaux, leur taille, donne dans la maigreur.

Lecteurs

Lecteurs j'étois l'amateur dont sans-souci vouloit parler qui m'a remis son manuscrit, j'ignore son nom, car il ne le signat pas autrement.

  J'ai bâillé quatre fois, ne faisant chaque page
  Je bâille encore en cet instant ;
  Il est temps de finir, de peur que cet ouvrage
  Ne vous en fasse faire autant.

F I N.

www.ingramcontent.com/pod-product-compliance
Lightning Source LLC
LaVergne TN
LVHW021707080426
835510LV00011B/1634